Gedichte Sammlung
Lebendiges Wort
1955 – 2023
Teil I

Entnommen den Werken »Ewiges Wort – Wie Gott mit einer Seele spricht.« – *Aus der Quelle der Weisheit* – **Band I** und **Band II**, Die Anfänge. Sowie aus dem Buch »Singe, meine Seele singe«.

☼

Erfahrungen (2023)

Sobald du zu beten beginnst, weißt du, dass es Gott gibt.

So ergeht es dir beim Lesen der Bibel und in der Gemeinschaft der Gläubigen.

Sobald du dich mit Gott befasst, weißt du, dass er existiert.

Werner Leder

Gedichte Sammlung
Lebendiges Wort
1955 – 2023
Teil I

© 2023 by Werner Leder

Herstellung und Verlag: BoD – Books on Demand, Norderstedt.
Bibliografische Information der Deutschen Nationalbibliothek: Die Deutsche Nationalbibliothek verzeichnet diese Publikation in der Deutschen Nationalbibliografie; detaillierte bibliografische Daten sind im Internet über http://dnb.d-nb.de abrufbar.

Alle Rechte sind vorbehalten.
ISBN 9783739231662

Über den Autor

Werner Leder, 1939 in Petersdorf / Kreis Hirschberg geboren, machte von Kindesbeinen an mystische Erfahrungen, die sich im Laufe seines Lebens mehr und mehr intensivierten. Als Halbwüchsiger studierte er bereits die Heiligen Schriften verschiedener Völker. So kam er mit Gottes Hilfe zu einem spirituellen Glauben.

Durch seine musikalische Veranlagung, vererbt von der Mutter, entdeckte ihn in den sechziger Jahren ein Musikproduzent. Daraufhin nahm er mehrere Schallplatten auf, sang und tanzte in Clubs und Bars und drehte 1967/68 als einer der Räuber, mit Hans Dieter Zeidler in der Rolle des Räuberhauptmanns, im Taunus den Film „Der Schinderhannes", Regie: Franz Peter Wirth.

Als Darsteller sammelte der Autor Erfahrungen auf den Opernbühnen in Frankfurt / Main und Hamburg, zum Beispiel in Verdi's Aida und Mozart's Idomeneo. Ferner trat er für namhafte Modefirmen als Fotomodell und Dressman auf und drehte Werbefilme für das Kino und das aufkommende Fernsehen. Er schrieb mehrere spirituelle Soli- und Chorlieder für Kinder und Erwachsene. Darunter die szenische Aufführung: „Gott hat alle Kinder lieb"*, die von der Musikschule Lage/Hörste 2011 zur Uraufführung gebracht wurde, und das Chorlied: „Schön ist es unserem Gott zu singen."*

Weiterhin schreibt der Autor weltliche und geistliche Texte und Musik, Gedichte, Lieder und Kurzgeschichten, so wie Kompositionen für Solisten und gemischten Chor. Mit Freunden schrieb er das Kinder-Singspiel: "Titanias Geburtstag", das im Landkreis Bad Segeberg 1995 uraufgeführt wurde und welches vom Publikum und der Presse begeistert aufgenommen wurde.

Trotz unterschiedlichster Tätigkeiten über Jahrzehnte unterbrach der Autor nie die Verbindung zu Gott. So ist es möglich, dass er im täglichen Geschehen und in der „Stillen, beziehungsweise Heiligen Stunde", mit Gott, in steter Verbindung zum Himmel blieb und ist.

Jesus, Gott Vater und sein Schutzengel schenken ihm noch heute inspirierte Gedanken und Eindrücke.

**Sie finden die Titel in dem Buch: *"Singe, Meine Seele Singe"*.

☼

EINKLANG
Nr. 01 und 02

01 *Es ist der Himmel (1955)*

Jesus:
Es ist der Himmel,
der hier spricht,
für alle, die es hören.

Und wer das wahre
Wort erkennt,
wird sich daran nicht stören.

02 *Du bist mein Mund (1955)*

Jesus:
Aus dem Licht
kommen meine Gedanken,
getragen von den Engeln zu dir.

Erst sind sie zarte Äthergebilde,
bis du sie schreibst auf Papier.

Dort wird sichtbar,
was im Unsichtbaren ich dachte.

Du bist mein Mund und meine Feder.
Drum schreibe und rede von mir.

03 *In stiller Zeit (1956)*

Sonne der Verheißung steigt aus dem Inneren empor, strahlt mit ihrem hellen Schein aus dem Angesicht hervor.

Gottes Wort erklingt in mir in der Seele Raum, höre jedes Wort von ihm, nein, es ist kein Traum.

Spricht als Vater durch den Sohn und den heil'gen Geist. Seine Gunst und Liebe er mir damit erweist.

In vertiefter stiller Zeit offenbaren sich: Gott der Vater, der Geist und Sohn ganz allein für mich.

———

04 *Jesus: Hört auf mein Wort (1959)*

Und weil der Mensch nicht lassen kann von sündigen Begierden, komm' ich zur Erde dann und wann, um ihn an MICH zu binden.

So wie ihr wart, so hab ich euch geschaffen einst zum Leben. Doch wie ihr seid, das wurdet ihr, weil ihr nicht auf mich hörtet.

Ich rufe euch vom Himmel her und durch meine Propheten: Hört auf MEIN WORT, ich bitte euch; denn ihr sollt ewig leben!

―

05 *Das neue Kleid der Seele (2023)*

Die Seele wird gezogen hinauf in Gottes Herrlichkeit. Ein neues Kleid wird ihr gegeben, das sie dann trägt in Ewigkeit.

So lebt sie fort am Throne Gottes, in Licht erfüllter Sphärenheit und die Erinn´rung an die Erde, ist bald für sie Vergangenheit.

Denn all die Seelen, die dort leben, mit weißen Kleidern angetan, sind überglücklich mit den Engeln und schauen ihren Schöpfer an.

Was willst du Seele mehr vom Leben als hinzugehen in das Licht, woraus du einst geboren wurdest? Vergiss das jetzt auf Erden nicht.

―

06 WAS MACHT DEN MENSCHEN AUS? (2022)

Mensch sein bedeutet:
Mut haben,
nicht Unmut.

Dem Licht folgen,
nicht dem Schatten.

Glauben haben,
nicht Unglauben.

———

07 _Leben um Leben (1952)_

Erdgebunden kam ich viele Leben her auf diese Welt, nahm den Körper, der genehm war, machte ihn zu meinem Zelt.

War in vielen Zeiten heimisch auf dem weiten Erdenball, sprach die Sprache, die vergessen, schon vor Babels großem Fall.

Einst kam ich auf diese Erde, um zu leben, gern im Leib. Habe Lust und Leid erfahren, Liebe auch, hier zum Verbleib.

Doch der Gott, der mich erschaffen, machte aufmerksam auf sich. In schon vielen Leben rief er: Mensch, nun denk auch mal an mich.

Oft hab ich den Ruf vernommen, doch ihn gerne überhört, denn das Leben auf der Erde hat mich durch und durch betört.

Vieles hab ich ausgekostet, was der Seele lag im Ton. Gott, der alles angesehen, rief: Komm zu mir jetzt, mein Sohn.

Gottes Ruf drang in die Seele und ich fing zu beten an: Mach mich rein, o Herr des Lebens, dass ich dich erhören kann.

Auch in diesem Leben wieder war gebunden ich im Leib. Trotz der Schönheiten des Daseins ahnte ich meinen Verbleib.

Und so brach aus mir die Stimme: Näher hin, mein Gott, zu dir. Es begann der Kampf im Fleische, bis der Geist siegte in mir.

So ging's über viele Jahre auf und ab und hin und her, aber Gott in seiner Güte half zu siegen mir, und mehr.

So bin ich nun heut imstande, Gottes Licht in mir zu sehn, um am Ende dieses Lebens ewig bei ihm einzugehn.

    Wer das möchte, liebe Menschen,
       muss an Gott gebunden sein.

Der muss nicht mehr in den Körper.
Davon kann er sich befrein.

―――

08 *Binde dich an Gott (1950)*

Ich war gestern. Ich bin heute. Morgen werd' ich auch noch sein, wenn ich mich vom Rad des Lebens nicht lasse von Gott befrein.

Viele schon vergangne Leben hab ich gerne hier gelebt. Nun erwacht, aus Lebensträumen, stark mein Herz zu Gott hin strebt.

Drängend aus der Zukunft klingt die alte Weisheit an mein Ohr. Ja, ich fühle und bedaure, was ich zigmal schon verlor.

In den Leben, die ich lebte, irrte ich gottlos umher. War dem Schein der Welt erlegen, Herz und Seele blieben leer.

So kam ich ins neue Leben – voll mit alten Sünden noch. Aber Gott, der Herr im Himmel, siegte dieses Mal nun doch.

Er pflanzte das Licht des Lebens neu in meine Seele ein. Und so werd' ich nach dem Sterben nah bei ihm im Himmel sein.

Alles, was nicht taugt zum Leben, muss der Mensch verlassen und, sich verbinden mit Gott selber, mit ihm schließen einen Bund.

Nur wer sich an Gott gebunden, ist gefeit vor Satans List. Und er spürt, dass er im Himmel, dauerhaft zu Hause ist.

Eile jetzt und lass dich binden, von des Gottes Herrlichkeit. So gebunden lebst du frei mit ihm in aller Ewigkeit.

———

09 *Ein Lebensbild*[1] *(1953)*

Was ich einst verloren habe fern auf einer andern Welt, suchte ich auf Erden wieder, bis die Seele war erhellt.

Dort hab ich den Wunsch geäußert: Möchte gern zur Erde gehn, um mir dieses und auch jenes auf der Welt mal anzusehn.

Dort zu leben, lieben, lachen in dem Körper meiner Wahl, Menschen, Tiere, Pflanzen achten, bis zum kleinsten Mineral.

Ja, das wünschte ich mir gerne. Und so kam ich hier herein, um mit allem, was mich ausmacht, auf der Welt ein Mensch zu sein.

Aber ach als ich geboren, brach ein Krieg auf Erden aus. Und mein Vater, der dort kämpfte, kam danach nicht mehr nach Haus.

Mutter, mich und ihre Mutter, und mein kleines Schwesterlein, hat man aus dem Land vertrieben, in ein anderes hinein.

Und so wuchs ich auf wie jedes Kind in dieser Nachkriegszeit – Kriegsbeschwert und arg betroffen durch die Brot- und Lernknappheit.

Damals schon, als kleiner Junge, wollte ich die heile Welt, mit den Tieren und dem Wasser, mit den Pflanzen auf dem Feld.

Doch dann ging ich mangels Wissen – von dem Amt geworben – hin, in den Bergbau untertage, wo ich schier verzweifelt bin.

So gab es der Stationen viele mehr, landauf und breit. Auch das Lachen und das Lieben hatte bei mir seine Zeit.

Steckte tief und fest im Fleische. Lebte aus, was dieses will. Doch die Sehnsucht meiner Seele war verschüttet und ganz still.

Und der Herr im Himmel lobte meine Art zu leben nicht. Aber trotzdem und vor allem hielt er mich im Gleichgewicht.

Nie stürzte ich tief zu Boden. Nie erklomm ich steile Höhn. Doch mein Lebensweg war holprig. Und nur den musste ich gehen.

Gott hielt mich in meinem Leben immerzu mit seiner Hand, bis die Seele aus dem Schlafe dann erwachte, und verstand.

Alles hat er mir verziehen was ich tat, was ich gedacht. Er hat aus dem alten Menschen, einen neuen nun gemacht.

In der Bibel, in den Veden und im Buch von Abd-Ruh-Shin, bei R. Steiner und bei andern, dann in mir, da fand ich ihn.

Gott, mein Gott, Vater und Mutter, dich verehre ich jetzt heiß, weil ich dich wieder gefunden — wie die Seele in mir weiß.

Und so schließt sich hier der Bogen, dieser Erdinkarnation. Dass ich einst nie wieder komme, weiß ich heut für morgen schon.

---

[1]Obwohl Jesus dem Autor bereits mit drei Jahren begegnete, und er über die Zeit im Gespräch mit ihm war, gleitete er dennoch in einem gewissen Alter in die Welt mit ihren Verführungen ab.

Jesus aber ließ nicht locker, dem Autor immer und immer wieder Gelegenheit zu geben, sich mit ihm zu verbinden, um seine Stimme und Anweisungen für sein Leben zu hören.

So lagen über eine gewisse Zeit Geist und Fleisch im Kampf miteinander, bis der Herr ihn lehrte, das Schwert des Geistes, welches das Wort Gottes ist, in die Hand zu nehmen und gegen die bösen Geister unter dem Himmel zu kämpfen[2].

Dadurch gelang es ihm Satans Verführungen nicht zu erliegen und das Fleisch zu besiegen.

Jesus: Siehe, ich mache alles neu. Wenn du dich an mich hältst, und mit mir gehst, und tust, was mir gefällt, dann wirst du eingehen in die himmlische Wohnung, die ich denen bereitet habe, die mich lieben.

Wenn du und ihr alle meine Gesetze achtet, dann wird die Erde erblühen und die Engel der Fülle werden mit euch sein.

—

²(Epheser 6,10-20 Schlachter-Bibel)

10 *Der Lauf der Seele (1957)*

In der Seele tief verborgen liegt des Daseins wahrer Sinn. Schöpfe Mensch, aus diesem Wissen, das dich führt zum Leben hin.

Sieh doch, wie du erdgebunden tust, was die Materie will. Rebellion mit allen Sinnen, nie stehn die Gedanken still.

Weißt du, wenn du fragst: Warum ich hier auf Erden bin? Wo ich her komm, wo ich hin geh? Dann erst macht dein Leben Sinn.

Blick nach oben in den Himmel, der auch deine Heimat ist. Lenk dein Sehnen hin zur Wahrheit, bis du ganz vollkommen bist.

Steck den Kopf nicht in die Erde. Schau rundum am Himmelszelt gibt es noch viel tausend Sterne, nicht nur deine kleine Welt.

Alle, die du siehst am Himmel, auch die Unsichtbaren sind immer schon bewohnt von

Wesen. Glaube es, du Menschenkind.

Richte deinen Blick nach innen, dort, in deiner Seele nur, siehst du dann dein ganzes Leben, deine göttliche Natur.

So wie innen, so auch außen. Mensch, das Universum ist in dir selbst, und vor den Augen, weil du Teil des Ganzen bist.

Schau, die großen Herrlichkeiten, die sich in dir tuen auf, sind der Mi- und Makrokosmos – dein ewiger Lebenslauf.

Nie ist's mit dem Tod zu Ende. Immer wirst du weiter gehn. Denn ein neues Leben wieder wird aus deinem Tod erstehn.

Schau hinein, in deine Seele, dort im Kernbereich des Lichts, findest du dein wahres Leben, deinen Gott – und weiter nichts.

Wenn du da bist angekommen und verweilst ein wenig dort, wird der Himmel dir lebendig als ewiger Heimatort.

Ferne Welten siehst du oben, Licht durchflutet, rein und klar. Und was du in dir wirst sehen, ist so groß und wunderbar.

Du lebst ewig. Heute gehst du. Morgen bist du wieder hier. Ja, der Kreislauf deines Lebens steht auf göttlichem Papier.

Ewig bist du aufgeschrieben. Ewig gehst du nicht verlorn. Du bist ja aus Gottes Liebe für die Ewigkeit geborn.

---

11 *Wie der Regen fällt vom Himmel (1960)*

Wie der Regen fällt vom Himmel und die Sonne nimmt ihn auf, fällt erneut er auf die Erde – sieh, so ist dein Lebenslauf.

Ewig kreisend ist dein Leben, bis du Gott endlich erkannt. Dann kommst frei du aus dem Kreise, und nach Haus ins Heimatland.

Dieses liegt in Gottes Lichte. Da bist du den Engeln gleich. Dort wirst du dann ewig leben, als ein Licht im Himmelreich.

―

12 *Das Böse ächten (1985)*

Ich frag´ nicht mehr: Warum, weshalb bin ich auf dieser Erden? Ich frag´ auch nicht: Was soll aus mir einst nach dem Sterben werden?

Ich weiß genau, wer ich heut bin, woher ich mal gekommen. Ich hab die Erde mir zum Start ins Himmelreich genommen.

Weil auf dem Erdball Gut und Bös' so nah beisammen wohnen, tut sich's für meine Seele hier zu leben, wirklich lohnen.

Hier kann ich, da ich Seele bin, freiwillig mich entscheiden, tu' ich das Gute oder will durch Böses ich einst leiden.

Ich habe beides in der Hand, das Gute und das Böse. Ich kann zu Gott erst kommen, wenn vom Letzten ich mich löse.

So einfach ist das Lösen nicht, von all den Seelenfängern. Sie wollen mit den Lüsten nur auch meine Sinne schwängern.

Da ist die Sexualität in all ihren Facetten. Sie ist der Lebenstrieb in uns. Schad, wenn wir sie nicht hätten.

Sie ist der Motor dieser Welt, von Jugend auf begehrlich. Sie ist der Quell von Glück und Leid, und niemandem entbehrlich.

Sie zeigt sich offen, provokant und still, im trauten Heime. Sie lenkt die Menschen allzu sehr, und legt der Sünd' die Keime.

Hier ist die Sexualität herausgegriffen worden. Es gibt noch mehr Verführungen, vom Stehlen bis zum Morden.

Es ist erlaubt auf dieser Welt, der krassen Unterschiede, dass jeder Mensch den Klang auslebt, in seinem Seelenliede.

Das Leben auf der Erde ist ein Kampf zwischen den Mächten. Ein Mensch, der gut hier leben will, der muss das Böse ächten.

Und um zu leben, einst im Licht, umhüllt von Gottes Liebe, ist's nötig, dass der Mensch hier nur, lebt seine guten Triebe.

Die Schlechten, die der Mensch erkennt, legt er zu Jesu Füßen. Gott selber und die Engelschar werden dies sehr begrüßen.

Drum auf, du Frau, du Mann und Kind, lasst euch von Gott jetzt lieben. Sein Licht und Wahrheit machen frei von allen bösen Trieben.

—

13 _Sternenwanderung (1956)_

Im Hier und Jetzt zu Hause. Im ganzen Weltenraum kenn' ich viel tausend Sterne bis an des Himmels Saum.

Ich hab auf vielen Sternen gelebt und in der Nacht, erkenne ich ihr Scheinen und der Erinnrung Macht.

Was vor viel tausend Jahren auf Sirius geschah, das ist mir heut auf Erden, im Herzen noch ganz klar.

Gelebt hab ich auf Arcus, ganz fern im Meer der Zeit. Und zu Lemuriens Auen war es dann nicht mehr weit.

Atlantis war mir Heimat noch in der Zeit davor. Und noch viel früher weiß ich, was damals ich verlor.

Ich schwamm einst aus der Quelle hinein ins Sternenmeer. Und über viel Stationen bin ich heut wieder hier.

Anfangs auf dieser Erde, war dunkel noch mein Sinn, bis langsam ich erwachte. Zum Licht wollte ich hin.

Doch eh das Licht besiegte, die Dunkelheit in mir, vergingen viele Jahre. Das Fleisch wog gar zu schwer.

Dann kam bei mir zum Tragen, das Wort von Jesu Christ, dass ja auf dieser Erde ein Kampf zu kämpfen ist.

Er sagt: Der Geist ist willig, aber das Fleisch ist schwach. Und das erfuhr ich ständig mit großem Weh und Ach.

Doch schließlich siegte gänzlich, das Licht mit seiner Kraft. So hab in meinem Innern den Durchbruch ich geschafft.

Jetzt brennt dies Licht im Herzen, bestimmt mein ganzes Sein. Es führt mich einst zum Vater in seinen Himmel ein.

Heut will ich es hier sagen, vor allen Menschen gern: Gott wohnt in uns, wir in ihm. Gott wohnt auf jedem Stern.

Und weil Gott überall wohnt im weiten Himmelsrund, tut er uns seine Liebe durch alle Wesen kund.

Er schläft im Stein am Bache. Er flüstert leis im Wind. Er singt durch jedes Vöglein und liebt dich durch dein Kind.

Er wärmt dich durch die Sonne, kühlt dich durch Regen ab. Er ist ein Gott der Liebe, der dir dein Leben gab.

Gott will, dass es dir gut geht, heut hier und morgen dort. Er fährt mit dir zur Erde und wieder mit dir fort.

Ergreife heut die Chance, und geh mit ihm ins Licht. Denn drüben lebst du weiter. Glaub allem andern nicht.

Ich, und auch du, und alle, die wir auf Erden gehen, wir sollen einst im Himmel, gewiss den Herr Gott sehn.

Lasst uns zum Himmel streben ins Licht, das uns begehrt, nach Gottes reiner Liebe, die sich nach uns verzehrt.

Drum hin zum hehren Lichte, das in euch wohnt und brennt. Auf dass es euch dann führe, weil es den Heimweg kennt.

Erhebt euch, müde Seelen, hinauf ins wahre Sein. Dann lebt ihr einst mit Gott nur, und nicht mit euch allein.

Denn ohne Gottes Liebe könnt ihr nicht existiern. Und ohne seine Führung werdet ihr glatt verliern.

Ich sag' es immer wieder: Wer aus dem Rad der Zeit, will sich auf ewig lösen, ist für den Weg bereit.

14 Rückblick (1960)

Immer wieder öffnet Fenster sich um Fenster in mir weit. Und ich schau', wie durch ein Wunder, in die längst vergangne Zeit.

Bilder aus gelebten Leben steigen in der Seele auf. Fern am Horizont der Zeiten, da begann mein Lebenslauf.

Als Rebell wider die Einheit, ging ich in den Kreislauf ein, der da heißt: Leben und Sterben. Erst im Fleisch, dann Geist zu sein.

Einstmals, in den fernen Welten, bei den Lichtwesen zu Haus, wollte ich wie sie regieren, doch man warf mich bald hinaus.

So kam ich auf diese Erde, Zweiundzwanzig tausendmal, und die gleichgesinnten Seelen, gingen mit in großer Zahl.

Das hat Gott so eingerichtet. Wer sich ihm dort widersetzt, kann auf Erden sich verwandeln zu ihm hin, im Hier und Jetzt.

In den Leben, die ich lebte, war die Sehnsucht zu Gott groß. Doch die Schwachheit meines Fleisches war die Kraft in meinem Schoß.

Als ein Pendler zwischen Sphären, die von hier aus nicht zu sehn, gab es alle tausend Jahre mit der Welt ein Wiedersehn.

Nah und näher kam auf Erden Gott mit sanften Tönen mir. Bis ich sagte: Lieber Vater, ich komm' gern zurück zu dir.

Da die Seele ohne Körper, dermal einst für Gott bestimmt, hoffe ich auf die Erlösung, die mich aus dem Kreislauf nimmt.

Zweiundzwanzig, tausend Körper hatte ich auf Erden schon. Ich war Onkel, Tante, Vater, Mutter, Tochter und auch Sohn.

Zwischendurch war ich in Reichen, von der Erde weit entfernt. Habe das ICH-BIN-Geheimnis da und hier von Gott gelernt.

Was ich heut im Herzen trage, ist die Sehnsucht nach dem Licht, nach Erlösung aus dem Körper – und nach Gottes Angesicht.

Jetzt im Leben wird's gelingen, denn ICH BIN voll Zuversicht. ICH BIN Geist, ICH BIN auch Seele, ICH BIN Kind aus seinem Licht.

———

15 *Ich bin ja Geist (1955)*

ICH BIN ja Geist – und bin auch Seele. Aus Gott bin ich geboren. Ich hab mich aus den lichten Höhen in diese Welt verloren.

ICH BIN im Leib von Haut umgeben, gefangen und gebunden. Ich hab in mir, durch meinen Körper, viel Lust und Leid empfunden.

ICH BIN ins Fleisch, weil ich es wollte, nicht einmal erst inkarniert. Ich hab mich ob der Fleischeslüste vor Gott und mir, arg geniert.

ICH BIN ein Mensch, und das ist gut so. Gott schuf mich nach seinem Bild. Ich hab den Geist, den er gegeben, der mein Sehnen nach ihm stillt.

ICH BIN mit ihm heut stark verbunden durch Kontemplation. Ich hab den Weg zu Gott gefunden. Auf ihn freue ich mich schon.

ICH BIN einst dort, wo ich geboren, im Licht

der Ewigkeit. Ich fühl' schon heut in mir das Sehnen nach dieser Seligkeit.

Wenn auch du die ICH-BIN-WORTE sprichst, werden sie dich erheben. Und du erhältst auf Erden schon ein Stück vom ewigen Leben.

———

16 _Sehnsucht nach Sirius (1954)_

Erst wenn ich auf Sirius Auen Licht durchflutet mich ergeh, wird mein Herz sich wieder freuen, weil ich Freunde wiederseh.

Auf die Erde bin bewusst ich mehrmals schon, gern inkarniert, weil die Seelen aus den Tiefen sich hier tummeln ungeniert.

Von den höheren Planeten komme ich mit der Absicht, diesen Seelen zuzurufen: Suchet Jesus und sein Licht!

Und so bin ich hergekommen, mit dem Licht in meiner Brust. Doch zu viele Erdenjahre lebte ich in Fleischeslust.

Tief im Innern, da erkannte ich ein Sehnen nach dem Licht, nach der Quelle zu gelangen, aus der alles Leben bricht.

So hat's mich in vielen Jahren hin- und hergerissen und, bis das heilge Wort erklang mir liebend, streng, aus Gottes Mund:

Du gingst nicht auf diese Erde, um in Fleischeslust zu sein. Du gingst hin, um die Verlornen aus dem Abgrund zu befrein.

Drum erkenne dich jetzt wieder in dem Licht, das mit dir geht, dass dein Leben nicht umsonst hier, und vom Winde wird verweht!

Da begann ich über Jahre mich zu sehnen nach dem Licht. Auch zu halten die Gebote. Dies gelang mir meistens nicht.

Ich erflehte Gottes Hilfe: Mach mich frei vom Fleischesjoch. Binde mich an deine Liebe. Das half mir am Ende doch.

Dies ging, wie gesagt, durch Jahre. Bis das Licht in meiner Brust wandelte die Fleischestriebe hin zu reiner Gotteslust.

Da erkannte ich mein Leben, die Verantwortung vor Gott. Hätte er mich nicht gerufen, ging ich noch im Erdentrott.

Heut erklimmt nun meine Seele hell im Lichte Gottes Höhn. Und ich werde dermal einst ihn dort im Himmel wiedersehn.

Heut im Fleisch schon auf der Erde brennt in mir sein helles Licht. Und ich sag' es allen Menschen: Ohne Gott geht es hier nicht!

Alles läuft im Menschenleben nur durch seine Liebe ab. Von der Wiege bis zur Bahre, weit hinaus bis übers Grab.

Doch erzählt man das den Menschen, die noch ferne von Gott stehn, macht man sich damit nicht Freunde, sondern Feinde, die bald gehn.

Aber trotzdem und mit Kraft sprech ich das Wort von Gott, weil prompt, jeder der es hört, und tut, zu ihm einst in den Himmel kommt.

Heut schon geht mein heißes Sehnen himmelwärts zu Sirius. Dort erwarten mich die Freunde mit dem wahren Bruderkuss.

Licht durchflutet sind die Auen, überirdisch silbrig, hell. Dort im Licht ist meine Heimat. Ja, nach Hause will ich schnell.

Noch muss ich im Fleische leben, bis der Tag kommt, wo ich geh'. Dann erfüllt sich meine Sehnsucht, weil ich Sirius wieder seh.

―

17 *Allein die Liebe zählt (1959)*

Gerne aus den höheren Sphären kommen Seelen hier zur Welt. Aber auch aus Unterwelten wird sich hier gern dargestellt.

Es geschieht so viel auf Erden, was der Mensch nicht fassen kann: Kriege, Missgunst und Vermählung Frau mit Frau und Mann mit Mann.

Ein so großes Durcheinander gibt es nirgends sonst im Raum. Alles ist erlaubt auf Erden. Vieles gibt's, man glaubt es kaum.

Seelen, die hier inkarnieren, sei's von oben, unten her, wollen das tun, was ihr Sinn ist in der Welt und auch nicht mehr.

Jede lebt ihr Eigenleben, will verwirklichen sich hier. Ob sie gut ist oder böse, ob sie »Ich« sagt oder »Wir«.

Seelen sind ganz unterschiedlich. Eine ist voll Macht und Krieg. Die andre ist voll Licht und

Liebe. Das ist schließlich auch ihr Sieg.

Inkarniert im Fleisch des Menschen leben sie ihr Potenzial: Macht und Reichtum, Glück und Liebe. Jede hat die freie Wahl.

Eine will die Welt erobern, hetzt auch gar zum Kriege auf. Die andre lenkt aus ihrem Herzen weise eines Volkes Lauf.

Gott sei Dank gibt es auch solche, die erkennen ihre Pflicht, die aus dunkelsten Gefilden aufwärts streben, hin zum Licht.

Andere, aus Gott geboren hier zu seiner Herrlichkeit, wissen es in ihrem Innern, dass der Weg zu ihm nicht weit.

Alle tragen ja im Herzen einen Wunsch, der göttlich gleich, dass es Frieden wird auf Erden und erscheint das Himmelreich.

Auf der Erde sind die Seelen fest in Körpern inkarniert. Manche schlafen durch die Jahre bis zum Tod, ganz ungeniert.

Anstatt sich mal aufzuraffen, Fragen stellen nach dem Licht, lassen sie die andern machen. So, ihr Lieben, geht das nicht!

Gott will euren Einsatz sehen. Aufwachen und tätig sein. Alle Menschen sollt ihr lieben. Lieben sollt ihr sie allein.

Wenn die Liebe siegt im Herzen, bald bei diesem, jenen gar, greift sie über wie ein Feuer, auf die ganze Menschenschar.

Dann wird Gott in seinem Herzen väterlich zufrieden sein. Endlich sind die Menschen Brüder, bis ins Himmelreich hinein.

—

18 *Kleine Weisheiten (1980)*

1 Nimm deine Persönlichkeit zurück und lass Gott wirken in deinem Leben.

2 Tu alles, was du tust, aus Liebe zu Gott. So wird auch die Liebe zum Mitmenschen in dir wachsen.

3 Warum suchst du dein Glück in der äußeren Welt? Werde stille und erfahre das Glück in dir.

4 Glaube, was du siehst und schaue, was du glaubst.

5 Der Mensch, geboren aus der Liebe Gottes, ist ein Teil von ihm, der da lebt und liebt in Ewigkeit.

6 Iss, geistig gesehen, den Leib des Herrn und trinke sein Blut. Dann wirst du genesen an Körper, Geist und Seele.

———

19 Jesus: Ich wohne nicht in euren Kirchen aus Stein (1995)

Ich sagte nicht: Baut mir Dome und Kirchen aus Stein. Vielmehr wünsche ich, dass ich in euren Herzen wohne.

Eure Körper sollen Tempel meines Geistes sein. Deshalb reinigt sie vom Makel der Sünde.

Stellt euch in Gedanken unter das Kreuz Christi und lasst euch reinigen durch mein Blut.

Betet nicht den hölzernen Jesus am Kreuz an, denn das wäre Götzendienst. Sondern verbindet euch mit mir in euren Herzen.

Die wahre Kirche ist euer Herz. Und wer mich liebt, dem begegne ich an diesem Ort.

Doch wer mich im Herzen trägt, kann sich gerne mit anderen Glaubensgeschwistern in einer Steinkirche zum Gebet treffen.

———

20 *Wer Gott leugnet, dem wird er begegnen (1995)*

Gott ist. Wer wird es wagen und spricht: Es gibt ihn nicht. Der wird in Erdentagen, genommen in die Pflicht.

Er sieht das Licht des Tages, die Dunkelheit der Nacht. Er spürt das Leben in sich. Wer hat das wohl gemacht?

Er sieht die grüne Erde, die Sterne und das All. Und glaubt, dass dies entstanden allein durch den Ur-Knall.

Er hört die Vögel singen und riecht den Frühlingsduft. Sein Herz schlägt Purzelbäume in lauer Maienluft.

Er wird sich bald verlieben und auch vermehren gar. Das wird er dann so sehen, dass er der Schöpfer war.

Das Zeugen ist ein leichtes, weil es so angelegt. Das Leben kommt aus Gott, der dieses hegt und pflegt.

Du kannst kein Leben schenken durch den Vermehrungsakt. Dein Fleisch gibst du nur weiter. Das ist allein der Fakt.

Durchdenke einmal alles und spür in dich hinein. Da wird auf alle Fragen auch eine Antwort sein.

Aus manchem Urknallglauben ging Gottes Sieg hervor. Es öffnet sich für dich bestimmt auch Gottes Glaubenstor.

Geh nur mit offnen Augen durch diese schöne Welt. Dann wird dein dunkles Innre von seinem Licht erhellt.

Zögere nicht mehr lange. Kehr um zu ihm noch heut. Das ist es, was die Engel und Gott im Himmel freut.

Dein Licht wird in dir wachsen. Dein Herz jauchzt tief im Grund. Dem Himmel wirst du danken und singen wird dein Mund.

Kommt es in deinem Leben, wie hier geschrieben ist, dann weißt du, dass bei Gott du gut aufgehoben bist.

21 *Der Wert göttlicher Führung (1970)*

Dein Wort ist meines Fußes Leuchte auf meinem Weg durchs Leben hier. Es geht voran, dass ich nicht falle, führt mich geradewegs zu dir.

In dieser üblen Zeit auf Erden, wo alles arg darniederliegt, braucht der, der reinen Herzens ist, dein Licht, das über Satan siegt.

Denn ringsherum, von allen Seiten, von oben, unten, hinten, vorn, zerrt Satan an der armen Seele, weil er sie gerne sieht verlorn.

Doch ist dein Licht auf meinem Wege mein Schutz, mein Schild, mein Hort und Teil, dass ich behütet geh durchs Leben und mich nicht trifft des Satans Pfeil.

Und sollt mich doch mal einer treffen, weil ich nicht folgte deinem Licht, weiß ich genau geliebter Heiland, du lässt mich in der Sünde nicht.

Wenn ich auch hier und da mal falle, auf meinem Weg ins Himmelreich, du hebst mich auf und es geht weiter, nein, nicht erst morgen, sondern gleich.

―――

22 Mein Jesus. Gebet (1975)

Jesus, verwandle mich in dein Bild und schenke meinem Herzen deinen Frieden.

Du Quell des Lebens, berge und stärke mich in der Liebe. Denn die Liebe erträgt alles, glaubt alles, hofft alles und hält allem stand.

Schenke mir: Glaube, Hoffnung, Liebe. Ohne die Liebe hätten meine Worte nur den Klang einer lärmenden Pauke.

Dir sei Lob, Dank und Anbetung bis ans Ende aller Zeiten. Ich liebe und verehre dich jetzt und immerdar von Ewigkeit zu Ewigkeit.

Wecke die Sehnsucht in mir nach einem gottseligen Leben. Rette mich und erbarme dich über mein sündvolles Herz. Denn aus dem Herzen kommen die ärgsten Gedanken.

Ich setze auf dich mein ganzes Vertrauen, meine ganze Hoffnung. Denn von meiner

Schwachheit befürchte ich alles. Von deiner erbarmenden Liebe aber erhoffe ich alles. Amen..

———

23 Jesus: Mein Lichtwerk (1989)

Mein Lichtwerk soll im Lauf der Zeit die ganze Welt umspannen. Das ist mein Wunsch, dass jedes Licht hell brennt an seinem Platze.

Drum zünde ich die Lichter an, rund um die ganze Erde. Damit in jedem Herzen ich, der Herr, zum König werde.

Wenn ich im Herzen wohne, dann, erhellt das Licht des Geistes, die Seele und sie strahlt es aus unter die andern Menschen.

So wächst mein Lichtwerk Tag um Tag heran zur vollen Blüte. Und jedes Licht fühlt es in sich, dass es mehr tut als scheinen.

Wenn du auch schon ein Lichtlein bist und wünschst für mich zu brennen, dann schließe dich dem Lichtwerk an, um in ihm mir zu dienen.

Ein Lichtlein wächst im Lichtwerk groß, vereint

mit all den andern. Es muss nicht ganz allein durch Sturm und Wind des Lebens wandern.

Drum kommt herbei ihr Lichtlein klein, ich will euch hell entzünden. Damit die Welt sieht, wer ICH BIN, muss sie zum Lichte finden.

Mein Lichtwerk, das umspannt die Welt, bis hin zum jüngsten Tage. MEIN WORT, das kommt zu mir zurück, wie ichs gesprochen habe.

So emsig wie die Bienen sind, so dienen mir die Seelen. Damit mein Lichtwerk wachsen kann bis hoch zu meinem Throne.

Ich segne euch und euer Tun. Ihr wohnt in meinem Herzen. Ich liebe euch in Ewigkeit. Geht ein ins Buch des Lebens.

Seid wachsam, wie's die Schlange ist und hört hier MEINE WORTE. Dann hat mein Gegner keine Chance. Ihr könnt ihn überwinden.

—

24 *Gott spricht über die Liebe (1989)*

Glaube an die Macht der Liebe. Sie hat Tyrannen schon vom Thron gestürzt und mächtige Feldherren in die Knie gezwungen. Sie hat aus einem Aschenbrödel eine Königin gemacht und umgekehrt. Die Liebe besiegt alle gesellschaftlichen Schranken. Sie fragt nicht: Bist du König, Priester oder Bettelmann? Wenn sie das Herz eines Menschen ergreift, muss es ihrem Gesetz folgen. Daran erkennst du, dass die Liebe, von Gott ist.

Du weißt, dass ich der Urgrund der Liebe bin! Warum liebst du mich dann nicht noch mehr? Denn wenn du mich inniglich liebst, liebst du auch meine gesamte Schöpfung. Wer den Schöpfer liebt, liebt auch sein Werk!

Das Band der Liebe hält Himmel und Erde zusammen. Die Liebe ist das erste Gebot. Danach folgen alle anderen. Aber nur wer liebt, kann alle Gebote halten.

Ich sah im Halbschlaf einen Regenbogen. Gleich danach den Sternenhimmel. Und Gott sprach: Solange der Bogen[1] am Himmel steht, will ich mit euch sein. Er ist das Band der Freundschaft und der Liebe zwischen Gott und Mensch.

---

[1](1. Mose 9:11-17 / Luther Bibel 1545)

25 Über die Liebe Gottes (1990)

Gut ist deine Liebe, Herr, für Seele, Geist und Herz. Sie vertreibt den Frust der Welt und auch den Seelenschmerz.

Liebe, brachte dich ans Kreuz, dass alle Welt es sah. Liebe bindet mich an dich und bringt mich dir ganz nah.

Liebe, ist der Lebensstrom, der alle Welten hält. Da das Leben hier wie dort mit ihr steht und fällt.

Deine Liebe läutert mich und macht mein Herz ganz rein. So kann ich erst in der Zeit, dann ewig bei dir sein.

Hab und Gut in dieser Welt, lohnt sich für mich nicht mehr. Daher ist mein schönster Platz an deinem Herzen, Herr.

Mit dir Herr, ganz verbunden durch deine Liebe süß. Das ist für mich höchstes Glück, ganz wie im Paradies.

Wie schön muss es im Himmel sein, von dem schon Paulus spricht. Als er im dritten war, bei dir, und sah dein Angesicht. (2. Korinther 12. 2).

Ich weiß es nicht, kann's nur erahn, wie schön es bei dir ist. Weil du, Herr Jesus, ja in mir und dort der Himmel bist.

Drum halt du mich auf Erden schon an dir und deinem Wort. Damit ich nach dem Tode dann bin auch an diesem Ort.

Wo alle die, die du geliebt und dich liebten zurück, mit dir leben im Paradies, im höchsten Himmelsglück.

Dort bin ich ewig dann bei dir. Nie sterben wird mein Geist. Und jeden wird' ich wieder sehn, der Gottes Kind wohl heißt.

Drum zieh mich fest, mein Herr und Gott, zu dir ins Paradies und schenk, dass ich auf Erden schon, den Vorgeschmack genieß.

———

26 *Von Gott geführt (1969)*

Ich geh' durch die Zeit und folge dem Licht,
das mir ins Herz und in die Seele spricht.

JESUS: Versäum nicht den Weg, den ich dir gezeigt, bevor sich dein Leben dem Ende zuneigt.

Du spürtest bereits seit der Kinderzeit, dich zu verändern. Du warst auch bereit.

Es lagen in dir im Kampf Fleisch und Geist. Oft kamst du mir nahe, doch fielst du zumeist.

Ich stärkte dein Sinnen und Trachten nach mir. Auch sprach ich durch Inspiration zu dir.

Ich baute dich auf und ließ dich erfahren, die Wahrheit aus Gott, in vielen Jahren.

Ich gab dir das Buch der Bücher zur Hand. Durch lesen und beten hast du mich erkannt.

Durch Kirche enttäuscht, suchtest du erneut,

und fandst „Der Gottmensch[1]" für die neuere Zeit.

So konnten wir uns erneut verbinden. Danach musstest du die „Hildegard[2]" noch finden.

Jetzt warst du am Ziel. Doch all das Wissen, bedeutet für dich kein Ruhekissen.

Prüfe und lese. ICH BIN bereit, dir weiterzuhelfen in die neue Zeit.

Forsche und handle und tu, was ich will. Dann wirst du geläutert im Herzen – und still.

Du wirst allmählich zum Leuchten gebracht, damit dein Licht scheint in irdischer Nacht.

Forsche und leuchte und strahle hinein, in die Welt dein Licht, den errettenden Schein.

Ergreife den Stift, schreib alles auf, was ich dir sage in der Jahre Verlauf.

Ich rede und schreibe, mein Sohn, durch dich:
MEIN WORT der Liebe ist unabänderlich.

Rufe hinaus, wo die Suchenden sind. Damit sie
mich finden, Mann, Frau und auch Kind.

Die Seele will leben. Der Geist will erblühn,
drum wirst du ins ewige Licht einziehn.

Das Licht ist das Ziel für alles was lebt, was sich
aus der Tiefe des Dunkels erhebt.

Nur von ganz allein, wenn das Leben es will,
drängt alles zu mir und wird vor mir ganz still.

([1]Maria Valtorta / [2]Hildegard von Bingen)

27 Komm, mein Jesulein (1945)

Komm, o komm mein Jesulein, ich möchte immer bei dir sein. Sei du mein Hirte in der Zeit bis weit in alle Ewigkeit.

———

(Mit Unterstützung der Mutter 1945 vom Autor mit sechs Jahren geschrieben.)

———

28 *Bittet den Engel (1975)*

Bittet
den **Engel der Liebe**,
dass er euch lehre, viel zu lieben.

Bittet
den **Engel der Weisheit**,
dass ihr die richtigen Worte findet und die passenden Entscheidungen trefft.

Bittet
den **Engel der Freude**
euch zu helfen, wenn ihr verzagt seid.

Bittet
den **Engel der Kraft**
euch zu stärken, wenn ihr müde werdet.

Bittet
den **Engel des Lichts**,
dass er Licht gebe in eure und in die Herzen der Mitmenschen.

Bittet
den **Engel des Friedens**,
dass er seine Heerscharen in die Krisengebiete der Erde sende.

Wisset: Wer bittet, der liebt!

Und vor allem, bittet mich um alles in der Welt, was bei euch geschehen soll. Mein starker Arm stürzt den Tyrannen vom Thron und erhebt den Bettler zum König.

―

29 _Der freie Wille (1990)_

Der Herr im Himmel schaut herab und sieht nach seinen Kindern. Weil die nicht leben, wie er will, kann er nichts mehr verhindern.

So kommt nun, was da kommen muss. Bedingt durch ihr Verhalten bäumt sich die Erde auf und dann – sind sie nicht mehr die Alten.

Die negativen Kräfte sind seit Zeiten auf der Höhe. Sie springen durch die Menschheit hin, wie aufgescheuchte Flöhe.

Es neigt der Mensch ganz allgemein zum negativen Handeln. Und deshalb muss die Erde sich schon bald aus Not verwandeln.

Die Erde lebt und auch der Mensch, aus Gottes großer Liebe. Der Mensch, der quält das Tier und isst's und gibt der Erde Hiebe.

Was Gott hat für die Welt getan, das tritt der Mensch mit Füßen. Das sieht jetzt Gott nicht länger an, drum muss der Mensch es büßen.

Der Mensch, der alles haben will, greift nicht nur nach den Sternen. Er strebt das Ziel der Ziele an, in universen Fernen.

Doch niemals wird dies Ziel erreicht von ihm und seinem Denken. Er muss schon bitten, Gott um Geist, dann wird er's vielleicht schenken.

Denn dort am Ziel der Ziele ist der Mensch ein Feind der Liebe. Erst muss er wandeln sich im Leib und lenken seine Triebe.

Wenn er dann lebt wie's Gott gefällt in seinem freien Willen, dann wird der Mensch die Erde nicht, kein Tier und niemand killen.

Dann wird die Liebe Gottes schnell die Erde warm umfangen. Und jeder Mensch kann von Geburt an, gleich sein Ziel erlangen.

Hört hier, ihr lieben Menschen heut, das Wort aus Gottes Munde: »Wenn ihr nicht liebt, alles, was lebt, schlägt bald die letzte Stunde.«

Die Stunde, die da nahen muss, von der Propheten sagen, dass sie bald kommt, in unsrer Zeit, in unsern schönsten Tagen.

Dann wird das Weh und Ach groß sein, und Klage wird erklingen: Wo ist der Gott, der uns so liebt? Wird er uns Rettung bringen?

Kein Klagen und kein Weh und Ach gäb es auf dieser Erden, wenn wir erkennen unsern Gott, und seine Kinder werden.

Oh Vater, gib uns vieles nicht, nur eins, dass wir dich kennen, und wir in diesem Leben nicht in unser Unglück rennen.

Wer sich an Gott hält, hält sich gut im Leben und im Sterben. Der wird am Ende seiner Bahn ins Licht eingehn und erben.

―

30 *Heut weiß ich, wer mein Vater ist (1959)*

Aus lichten Höhen kam ich einst herab auf diese Erde, damit ich hier entscheiden kann, was weiter mit mir werde.

Lebe ich als Gefangener im Fleisch die Lust und Triebe — steig' ich hinab ins dunkle Reich oder hinauf zur Liebe?

Der Weg ist lang von der Geburt bis dass mein Leib einst sterbe. Doch zwischendrin entscheidet sich, was ich am Ende erbe.

Erlieg ich den Verlockungen, die diese Welt mir bietet oder besinn' ich mich auf das, was Gott in mir behütet?

Zuerst verlor ich mich im „Hier und Jetzt" in Leidenschaften, die meiner Seele und dem Leib nur immer Leiden brachten.

Ich irrte durch die Welt des Scheins, randvoll mit Eitelkeiten. Und doch erinnerte ich mich, wer ich schon war vor Zeiten.

Mich trieb das Licht in mir zu Gott, recht nah zu seinem Herzen. Doch ach, ich stolperte dahin, gepeinigt noch von Schmerzen.

Ich suchte hier auf dieser Welt und fand, was ich verloren: Das Licht in mir. Durch Gottes Gnad' wurde ich neu geboren.

So legte nach und nach ich ab, die Decke von den Augen. Ich wollt' geführt, von Gottes Hand, fürs wahre Leben taugen.

Gott ließ mich vieles, was der Mensch so fühlt und tut, erleben. Bis dann der Geist in mir sein Licht entdeckte durch sein Streben.

Heut weiß ich, wer mein Vater ist, im Himmel und auf Erden. Aus seinem Licht stieg ich herab, um hier ein Mensch zu werden.

Leg' ich dereinst den Körper ab, bin ich ganz frei und schwebe hinauf zu meines Vaters

Haus, wo ich dann mit ihm lebe.

———

31 _Erinnerung (1960)_

Kam ich einst aus andern Welten? Kam ich oder kam ich nicht? Eines weiß ich, dass mein Leben kommt aus Gottes ewgen Licht.

Durch die Nebel früherer Zeiten, die durch meine Seele wehn, konnte ich so manches Bild schon und auch Worte gar verstehn.

Was ich sah in meinem Innern – gänzlich geistiger Natur – waren Menschen, Länder, Meere. Doch ein Ausschnitt war das nur.

Dort unter den Palmenhainen, fern in einem warmen Land, gab es eine Menschenrasse, in der ich mich wieder fand.

Leicht bekleidet, in der Sonne, mit der Lehmtafel zur Hand, schrieb ich auf der Menschen Namen, die arbeiteten im Sand.

Hochgewachsen war mein Körper, bronzefarben meine Haut – und die vielen andern Männer, waren ebenso gebaut.

Dort im Delta zwischen Flüssen, bauten wir aus Gold und Stein einen Tempel unserm Gott, dass er gnädig möge sein.

Alle Welt hat uns bewundert, damals unterm Sonnenlicht. Denn sie kannten unsre Zahlen und die Buchstaben noch nicht.

Jene, die uns damals dienten bei der Arbeit, Tag und Nacht, haben uns beim Bau des Tempels ihre Muskelkraft gebracht.

Wir die Herren, sie die Diener. Wir das Volk vom Sonnenlicht. Doch die Arbeit dieser Fremden, die verachteten wir nicht.

Schließlich hat nach heilgem Wissen unser Gott geoffenbart: Schafft euch Freunde auf der Erde. Achtet jede fremde Art.

So waren auch wir geachtet. Wurden mächtig, groß und stark. Bauten, Städte, Tempel, Schiffe.

Waren lange Zeit autark.

Vieles könnte ich berichten aus der schönen alten Zeit. Doch das würde zu lang dauern. Führte schlussendlich zu weit.

Eines noch, das muss ich sagen: Jene Zeit ging längst verlorn. Seelen werden aus den Tagen heut verstärkt, wiedergeborn.

―

32 *Gott sei Dank (1978)*

Gott sei Dank in höchsten Höhen, dass er uns zu sich hin zieht, dass er nicht durch unsre Sünden sich abwendet und gar flieht.

Er in seiner großen Liebe rüttelt alle Kinder wach, dass sie lassen ihre Sünden und ihm folgen freudig nach.

Oh du Heiland, tief verwundet durch die Sünden, die wir tun, mach, dass uns dein Wort stets mundet und wir nicht im Finstern ruhn.

Alle Tage diese Plagen: Fleischeslust und Geistesfrust. Hilf, dass wir es endlich wagen, hin zu fliehn an deine Brust.

Gott sei Dank, für deine Hilfe, die du jedem von uns gibst. Weil du deine Ebenbilder, ja von ganzem Herzen liebst.

Ach, das ist mein großes Sehnen, mit dir leben alle Zeit hier auf Erden, dann im Himmel, bis in alle Ewigkeit.

———

33 *Gewissheit (1979)*

In allen Lebenslagen, in Dur und auch in Moll wird dich dein Jesus tragen, bis deine Jahre voll.

Und schaust du dann ins Lichte der Ewigkeit hinein, wirst du vom Angesichte des Herrn erleuchtet sein.

Ob hier auf dieser Erde oder im Himmelreich, Gott liebt, die ihn auch lieben — und die macht er sich gleich.

---

34 *Der Weg ins Licht (1971)*

Ich gebe dir von meiner Kraft und stell dich in mein Licht, dass deine Feinde machtlos sind. Was Sichres gibt es nicht.

ICH BIN der Mächtige im All, der Schöpfer allen Seins. Wenn du mein Kind bist, dann ist auch das Unsichtbare deins.

Was suchst du noch im irdischen, da alles dir gehört. Der Glaube ist der wahre Schatz. Unglaube nur betört.

Ich gab dir Geist. Das Leben auch. Es ist in deinem Blut. Die Seele will zu mir ins Licht. Hier lebt sie ewig gut.

Wenn du es immer noch nicht glaubst, dass du vom Höchsten bist, schau in dein Herz und du wirst sehn, dass es die Wahrheit ist.

Fällst du mal hin auf deinem Weg, dann spreche ich zu dir: Ich heb' dich auf und wasche dich, denn du gehörst zu mir.

Gar manches Kind, von Sünden voll, errette ich noch bald, sodass der Engel Lobgesang durch alle Himmel schallt.

Sündlos ist keiner auf der Welt, das glaub mir, liebes Kind. Drum geh mit mir den Weg ins Licht, auf dem schon andre sind.

Gemeinsam gehen wir sehr bald zum Himmelssaal hinein. Dort wirst du mit den anderen heil und zufrieden sein.

—

35 *Das Wunder der Liebe Gottes (1995)*

Aus lichten Höhen steigt herab, Gott selber und wird Mensch. Das ist so groß, dass wir es nicht verstandesmäßig fassen.

Wenn unser Herz, von Gott beseelt, erwacht aus Erdenträumen, dann sehnt es sich nach seinem Wort und Jesus, dem Erlöser.

Wenn irdisch sein unwichtig wird, und himmlisch sein erfüllt dich; so bist du schon ein Kind des Lichts, auf das der Himmel wartet.

Erfasst die Kraft des Christus dich, weich ihr nicht aus auf Erden. Denn irgendwann im Himmel kannst du nicht mehr christlich werden.

Du hast die Chance vertan, o Mensch, spricht Gott zu deiner Seele. Dir hat MEIN WORT, der Weg, das Ziel und Christus nicht gefallen.

Wer stirbt, und hat kein Schatz[1] bei mir, und will ewiges Leben, der muss sich erst einmal bekehrn, um Christus zu erkennen.

Denn ohne ihn gibt es kein Platz bei mir und den Erlösten. Drum greife nach dem Freifahrtschein, der Christus heißt, und komme.

---

[1] (Matthäus 6,20)

36 *Heimholung / Rückverbindung (1985)*

Kommend aus den lichten Welten, fühl' ich mich hier nicht zu Haus. Bin im Fleisch ganz erdgebunden, möchte liebend gern heraus.

Aber alle Macht des Menschen kann mich nicht daraus befrein. Sondern nur der Wunsch alleine, näher noch bei Gott zu sein.

Und so geht mein Seelenstreben nur zu dieser Quelle hin, aus der ich einstmals geboren. Die da heißt auch: der ICH BIN!

Wer das heut nach vielen Leben – und auch Toden – in sich spürt, der ist sicher, dass die Seele sich nicht mehr im Hier verliert.

Rückverbindung, heißt die Sehnsucht, die in unsrer Seele lebt. Daher ist es zu erklären, dass sie hin zum Lichte strebt.

Yoga heißt's, dass dies benennet schon in alt vedischer Schrift. Uns klärt auf, das Wort vom

Osten, was die Heimreise betrifft.

Ach, gäb es doch viel mehr Seelen, die erkennen würden auch, dass das Leben hier auf Erden, nicht heißt: sorgen für den Bauch.

Den Geist schulen und veredeln, ist des Lebens tiefrer Sinn. Sich vom erdgebundnen Dasein, heben zu dem Lichte hin.

Wünschen will ich und erbitten, dass dies mehr und mehr geschieht. Dass die Seelen höher steigen, und man den Erfolg auch sieht.

Es wird alles Widerstreben, das dem Menschen innewohnt, von dem Vater aller Seelen, und vom Leben nicht belohnt.

Nur wer sich im engsten Sinne um die Heimholung bemüht, der erfährt die Liebe Gottes, die sein Seelenherz durchglüht.

Darum kommt, ihr Seelen alle, schwingt euch auf in Gottes Höhn, dass wir uns am jüngsten

Tage bei ihm werden wiedersehn.

———

37 Jesus, meine Zuversicht (1999)

Jesus, meine Zuversicht, du mein Heil und Leben. Eh mein Herz vor Schmerz zerbricht, will ich dir es geben.

Du machst neu, was alt und schwach und von Sünd beladen, das sich quält mit Weh und Ach. Du begleichst den Schaden.

Schenk mir, Herr, ein neues Herz und den Geist der Liebe. Lehre mich das Beten und, dass mir beides bliebe.

Wandle Herr, auch meinen Sinn, stets bei dir zu bleiben. Ziehts mich nach der Welt mal hin, soll dein Geist mich treiben:

Wieder neu in deinen Arm, wo ich gerne bliebe – und ich schreie: Gott erbarm dich in deiner Liebe.

Stets bei dir im Licht zu sein, in den hehren Weiten, ist mein Wunsch jetzt ganz allein für die Ewigkeiten.

Ewigkeit für Ewigkeit dich im Licht nur sehen. Ist der Weg auch noch so weit, ich will ihn jetzt gehen.

―――

38 *Wie Menschen zu Jesus kommen (2023)*

Du erwartest sie mit Freuden, wäschst sie rein mit deinem Blut, dann, erlöst von ihrer Sünde, wird ihr Leben neu und gut.

—

39 Bitte an den himmlischen Vater (2022)

O Vater, gib uns vieles nicht, nur eins, dass wir dich kennen, und wir in diesem Leben nicht in unser Unglück rennen.

———

40 *Halte dich an Gott (2022)*

Wer sich an Gott hält, hält sich gut im Leben und im Sterben. Der wird am Ende seiner Bahn ins Licht eingehn und erben.

Wer so an Gottes Thron gelangt, der wird wiedergeboren, der dreht sich nicht mehr um sich selbst und geht auch nicht verloren.

---

41 DEINE MACHT HERR, ÜBER HERZEN
Nr. 04 aus Singe, meine Seele singe.

1 Deine Macht, Herr, über Herzen, zeigst am Kreuz du mit Geduld; dass aus Sünder Kinder werden durch Vergebung ihrer Schuld.

2 Herr, wer lässt wie du sich schlagen, nein, das war noch niemals da, blutetest für alle Sünder dort am Kreuz von Golgatha.

3 Du hast jede Sünd bezwungen, das steht fest für alle Zeit. Wer das glaubt wird mit dir siegen und von aller Schuld befreit.

4 Deine Liebe, Herr, verströmtest du am Kreuz von Golgatha; sie ist heute noch für alle, ja für alle Sünder da.

5 Hört das Wort vom Kreuz, ihr Leute, und verachtet es ja nicht; denn das Wort ist Torheit denen, die der Satan schnell zerbricht.

6 Seht, die Weisheit aller Weisen, die hier Gott

zunichtemacht. Durch die Torheit seiner Predigt, gibt das Wort vom Kreuz uns Kraft.

7 Jesus ist die Weisheit Gottes, die Gerechtigkeit, und Heil; durch sein Opfer dort am Kreuz wird uns Erlösung ja zuteil.

8 Darum sprechen wir mit Paulus: rette, wer sich retten mag, zum Gekreuzigten, zum Christus heut, noch vor dem jüngsten Tag.

42 VOM IRDISCHEN UND HIMMLISCHEN BROT

Nr. 05 aus Singe, meine Seele singe.

1 Das Brot, das du beim Bäcker kaufst, reicht für die Erdenreise. Ein andres Brot ist Gottes Wort, es ist die Himmelsspeise.

2 Iss erstes, es kann dir die Kraft für Arbeit, Spiel ja geben. Iss zweites, wenn du Hunger hast auf Gott, und auf sein Leben.

3 Und schäm dich seiner Worte nicht, sag sie den Menschen allen, das wird dem Vater und dem Sohn in Ewigkeit gefallen.

4 Drum essen wir das gute Brot des Himmels und der Erde, damit ein jeder, der es isst, dadurch gestärkt wohl werde.

KURZFASSUNG
VOM IRDISCHEN UND HIMMLISCHEN BROT

Den Körper
Nährt das Brot der Welt —
Den Geist,
Das Wort vom Himmelszelt.

---

35 Jesus aber sprach zu ihnen: Ich bin das Brot des Lebens. Wer zu mir kommt, den wird nicht hungern; und wer an mich glaubt, den wird nimmermehr dürsten. (Johannes 6,35

43 NUTZE DIE GESCHENKE GOTTES *(1999)*
Nr. 82 aus Singe, meine Seele singe.

Wer
Ohren hat,
der **höre**.

Wer
Augen hat,
der **sehe**.

Wer
einen **Mund** hat,
der **rede**.

Und wer
ein **Herz** hat,
der **liebe**.

44 _DEIN WEG MIT JESUS (2023)_

Mit
Jesus
Geht
Es
Vorwärts
Aufwärts
Und
Voran.

45 *ICH WILL* (2022)

ICH WILL

NICHT STUMM SEIN,

AUCH NICHT KLAGEN,

ICH WILL DAS WORT

NUR WEITER SAGEN

DAS AUS DEM MUNDE

GOTTES KOMMT.

———

46 *ZUM GUTEN SCHLUSS (2010)*

Worte
Aller Menschen werden
Einst vergehn
Auf dieser Erden.
Gottes Wort
Bleibt in der Zeit,
Bis in alle Ewigkeit.

———

47 ALLE BÜCHER (1998)

Alle Bücher
dieser Welt
können
die Herrlichkeit Gottes
nicht
fassen.

———

Hinweise

Wenn nicht anders angegeben, sind die Bibelstellen der Luther-Bibel von 1912 (LUT) entnommen.

∞ Die liegende Acht ist das Symbol für die Ewigkeit und wurde 1655 von John Wallis (Mathematiker) eingeführt. ∞

Einige Aufzeichnungen aus Kindheit und Jugend und den nachfolgenden Jahrzehnten gingen durch diverse Lebensumstände verloren. Auch wurden die hier veröffentlichten Gedanken, Inspirationen und Eingebungen, im Geschehen der Zeit, nicht immer mit einer Jahreszahl bedacht. Die angegebenen Jahreszahlen wurden nicht chronologisch aufgeführt.

GUTER RAT

Wenn Sie, liebe Leserin, lieber Leser, ein zusammenhängendes Ganzes bevorzugen, wird empfohlen, mehrere Bücher des Autors zu lesen.

Bereits veröffentlicht
1) Print-Buch: **EWIGES WORT – WIE GOTT MIT EINER SEELE SPRICHT**, *Aus der Quelle der Weisheit*, Die Anfänge, **Band I / Band II**.
2) E- und Print-Buch: **SINGE, MEINE SEELE SINGE** / Lieder, Gedanken und Gedichte zur Ehre Gottes
3) E-Book: **INSPIRIERTE PSALMEN** – Lobgesänge in Reime gefasst / Psalm 1 bis Psalm 50 / Ein spiritueller Ratgeber
4) E-Book: **MANNA** Himmlisches Brot für jeden Tag / Ein immerwährender Bibelleseplan.
5) E- und Printbuch: **In Jesu Liebe geborgen** / Aus der Quelle der Weisheit / Geistliches Tagebuch I.